OLYMPE DE GOUGES

Déclaration des Droits de la femme et de la citoyenne

suivi de
Préface pour les Dames
ou Le Portrait des femmes

Postface de
Emanuèle Gaulier

Couverture de
Olivier Fontvieille

ÉDITIONS MILLE ET UNE NUITS

OLYMPE DE GOUGES
n° 416

Texte intégral
Cet ouvrage comprend
La *Déclaration des droits de la femme et de la citoyenne* (1791)
ainsi que la *Préface pour les dames ou le Portrait des femmes*
(extraite des *Œuvres* d'Olympe de Gouges, tome I, 1788).

Notre adresse Internet : www.1001nuits.com

© Mille et une nuits, département de la Librairie Arthème Fayard,
avril 2003 pour la présente édition.
ISBN : 978-2-84205-746-6

Sommaire

OLYMPE DE GOUGES

Déclaration
des Droits de la femme
et de la citoyenne

Les Droits de la femme
et de la citoyenne

À la reine

Madame,

Peu faite au langage que l'on tient aux rois, je n'emploierai point l'adulation des courtisans pour vous faire hommage de cette singulière production. Mon but, Madame, est de vous parler franchement : je n'ai pas attendu, pour m'exprimer ainsi, l'époque de la liberté : je me suis montrée avec la même énergie dans un temps où l'aveuglement des despotes punissait une si noble audace.

Lorsque l'Empire vous accusait et vous rendait responsable de ses calamités, moi seule, dans un temps de trouble et d'orage, j'ai eu la force de prendre votre défense. Je n'ai jamais pu me persuader qu'une princesse, élevée au sein des grandeurs, eût tous les vices de la bassesse.

Oui, Madame, lorsque j'ai vu le glaive levé sur vous, j'ai jeté mes observations entre ce glaive et la victime ; mais aujourd'hui que je vois qu'on observe de près la foule de mutins soudoyée, et qu'elle est retenue par la crainte des lois, je vous dirai, Madame, ce que je ne vous aurais pas dit alors.

Si l'étranger porte le fer en France, vous n'êtes plus à mes yeux cette reine faussement inculpée, cette reine intéressante, mais une implacable ennemie des Français. Ah ! Madame, songez que vous êtes mère et épouse ; employez tout votre crédit pour le retour des princes. Ce crédit, si sagement appliqué, raffermit la couronne du père, la conserve au fils, et vous réconcilie l'amour des Français. Cette digne négociation est le vrai devoir d'une reine. L'intrigue, la cabale, les projets sanguinaires précipiteraient votre chute, si l'on pouvait vous soupçonner capable de semblables desseins.

Qu'un plus noble emploi, Madame, vous caractérise, excite votre ambition, et fixe vos regards. Il n'appartient qu'à celle que le hasard a élevée à une place éminente, de donner du poids à l'essor des Droits de la Femme, et d'en accélérer les succès. Si vous étiez moins instruite, Madame, je pourrais craindre que vos intérêts particuliers ne l'emportassent sur ceux de votre sexe. Vous aimez la gloire : songez, Madame, que les plus grands crimes s'immortalisent comme les plus grandes vertus ; mais quelle différence de célébrité dans les fastes de l'Histoire ! L'une est sans cesse prise pour exemple, et l'autre est éternellement l'exécration du genre humain.

On ne vous fera jamais un crime de travailler à la restauration des mœurs, à donner à votre sexe toute la consistance dont il est susceptible. Cet ouvrage n'est pas le travail d'un jour, malheureusement pour le nouveau régime. Cette Révolution ne s'opérera que quand toutes les femmes seront pénétrées de leur déplorable sort, et des droits qu'elles ont perdus dans la société. Soutenez, Madame, une si belle cause ; défendez ce sexe malheureux, et vous aurez bientôt pour vous une moitié du royaume, et le tiers au moins de l'autre.

Voilà, Madame, voilà par quels exploits vous devez vous signaler et employer votre crédit. Croyez-moi, Madame, notre vie est bien peu de chose, surtout pour une reine, quand cette vie n'est pas embellie par l'amour des peuples, et par les charmes éternels de la bienfaisance.

S'il est vrai que des Français arment contre leur patrie toutes les puissances : pourquoi ? pour de frivoles prérogatives, pour des chimères. Croyez, Madame, si je juge par ce que je sens, le parti monarchique se détruira de lui-même, qu'il abandonnera tous les tyrans, et tous les cœurs se rallieront autour de la patrie pour la défendre.

Voilà, Madame, voilà quels sont mes principes. En vous parlant de ma patrie, je perds de vue le but de cette dédicace. C'est ainsi que tout bon citoyen sacrifie sa gloire, ses intérêts, quand il n'a pour objet que ceux de son pays.

Je suis avec le plus profond respect, Madame, votre très humble et très obéissante servante,

De Gouges

Homme, es-tu capable d'être juste? C'est une femme qui t'en fait la question; tu ne lui ôteras pas du moins ce droit. Dis-moi? qui t'a donné le souverain empire d'opprimer mon sexe? ta force? tes talents? Observe le créateur dans sa sagesse; parcours la nature dans toute sa grandeur, dont tu sembles vouloir te rapprocher, et donne-moi, si tu l'oses, l'exemple de cet empire tyrannique.[1]

Remonte aux animaux, consulte les éléments, étudie les végétaux, jette enfin un coup d'œil sur toutes les modifications de la matière organisée; et rends-toi à l'évidence quand je t'en offre les moyens; cherche, fouille et distingue, si tu le peux, les sexes dans l'administration de la nature. Partout tu les trouveras confondus, partout ils coopèrent avec un ensemble harmonieux à ce chef d'œuvre immortel.

L'homme seul s'est fagoté un principe de cette exception. Bizarre, aveugle, boursouflé de sciences et

_____

1. De Paris au Pérou, du Japon jusqu'à Rome, le plus sot animal, à mon avis, c'est l'homme. (N.d.A.)

dégénéré, dans ce siècle de lumières et de sagacité, dans l'ignorance la plus crasse, il veut commander en despote sur un sexe qui a reçu toutes les facultés intellectuelles; il prétend jouir de la Révolution, et réclamer ses droits à l'égalité, pour ne rien dire de plus.

Déclaration
des Droits de la femme et de la citoyenne

À décréter par l'Assemblée nationale dans ses dernières séances ou dans celle de la prochaine législature.

Préambule

Les mères, les filles, les sœurs, représentantes de la Nation, demandent d'être constituées en Assemblée nationale. Considérant que l'ignorance, l'oubli ou le mépris des droits de la femme, sont les seules causes des malheurs publics et de la corruption des gouvernements, ont résolu d'exposer dans une déclaration solennelle, les droits naturels, inaliénables et sacrés de la femme, afin que cette déclaration constamment présente à tous les membres du corps social, leur rappelle sans cesse leurs droits et leurs devoirs, afin que les actes du pouvoir des femmes, et ceux du pouvoir des hommes pouvant être à chaque instant comparés avec le but de toute institution politique, en soient plus respectés, afin que les réclamations des citoyennes, fondées désormais sur des principes simples et incontestables, tournent toujours au maintien de la Constitution, des bonnes mœurs, et au bonheur de tous.

En conséquence, le sexe supérieur en beauté comme en courage dans les souffrances maternelles, reconnaît et déclare, en présence et sous les auspices de l'Être suprême, les Droits suivants de la femme et de la citoyenne.

Article premier

La femme naît libre et demeure égale à l'homme en droits. Les distinctions sociales ne peuvent être fondées que sur l'utilité commune.

II

Le but de toute association politique est la conservation des droits naturels et imprescriptibles de la femme et de l'homme : ces droits sont la liberté, la propriété, la sûreté, et surtout la résistance à l'oppression.

III

Le principe de toute souveraineté réside essentiellement dans la Nation, qui n'est que la réunion de la femme et de l'homme : nul corps, nul individu, ne peut exercer d'autorité qui n'en émane expressément.

IV

La liberté et la justice consistent à rendre tout ce qui appartient à autrui ; ainsi l'exercice des droits naturels de la femme n'a de bornes que la tyrannie perpétuelle que l'homme lui oppose ; ces bornes doivent être réformées par les lois de la nature et de la raison.

V

Les lois de la nature et de la raison défendent toutes actions nuisibles à la société : tout ce qui n'est pas défendu par ces lois, sages et divines, ne peut être empêché, et nul ne peut être contraint à faire ce qu'elles n'ordonnent pas.

VI

La loi doit être l'expression de la volonté générale ; toutes les citoyennes et citoyens doivent concourir personnellement, ou par leurs représentants, à sa formation ; elle doit être la même pour tous ; toutes les citoyennes et tous les citoyens, étant égaux à ses yeux, doivent être également admissibles à toutes dignités, places et emplois publics, selon leurs capacités, et sans autres distinctions que celles de leurs vertus et de leurs talents.

VII

Nulle femme n'est exceptée ; elle est accusée, arrêtée, et détenue dans les cas déterminés par la loi. Les femmes obéissent comme les hommes à cette loi rigoureuse.

VIII

La loi ne doit établir que des peines strictement et évidemment nécessaires, et nul ne peut être puni qu'en vertu d'une loi établie et promulguée antérieurement au délit et légalement appliquée aux femmes.

IX

Toute femme étant déclarée coupable, toute rigueur est exercée par la loi.

X

Nul ne doit être inquiété pour ses opinions même fondamentales, la femme a le droit de monter sur l'échafaud ; elle doit avoir également celui de monter à la tribune ; pourvu que ses manifestations ne troublent pas l'ordre public établi par la loi.

XI

La libre communication des pensées et des opinions est un des droits les plus précieux de la femme, puisque cette liberté assure la légitimité des pères envers les enfants. Toute citoyenne peut donc dire librement, *je suis mère d'un enfant qui vous appartient,* sans qu'un préjugé barbare la force à dissimuler la vérité ; sauf à répondre de l'abus de cette liberté dans les cas déterminés par la loi.

XII

La garantie des droits de la femme et de la citoyenne nécessite une utilité majeure ; cette garantie doit être instituée pour l'avantage de tous, et non pour l'utilité particulière de celles à qui elle est confiée.

XIII

Pour l'entretien de la force publique, et pour les dépenses d'administration, les contributions de la femme et de l'homme sont égales ; elle a part à toutes les corvées, à toutes les tâches pénibles ; elle doit donc avoir de même part à la distribution des places, des emplois, des charges, des dignités et de l'industrie.

XIV

Les citoyennes et citoyens ont le droit de constater par eux-mêmes, ou par leurs représentants, la nécessité de la contribution publique. Les citoyennes ne peuvent y adhérer que par l'admission d'un partage égal, non seulement dans la fortune, mais encore dans l'administration publique, et de déterminer la quotité, l'assiette, le recouvrement et la durée de l'impôt.

XV

La masse des femmes, coalisée pour la contribution à celle des hommes, a le droit de demander compte, à tout agent public, de son administration.

XVI

Toute société, dans laquelle la garantie des droits n'est pas assurée, ni la séparation des pouvoirs déterminée, n'a point de Constitution ; la Constitution est nulle, si la majorité des individus qui composent la Nation n'a pas coopéré à sa rédaction.

XVII

Les propriétés sont à tous les sexes réunis ou séparés ; elles sont pour chacun un droit inviolable et sacré ; nul ne peut en être privé comme vrai patrimoine de la nature, si ce n'est lorsque la nécessité publique, légalement constatée, l'exige évidemment, et sous la condition d'une juste et préalable indemnité.

Postambule

Femme, réveille-toi ; le tocsin de la raison se fait entendre dans tous l'univers ; reconnais tes droits. Le puissant empire de la nature n'est plus environné de préjugés, de fanatisme, de superstition et de mensonges. Le flambeau de la vérité a dissipé tous les nuages de la sottise et de l'usurpation. L'homme esclave a multiplié ses forces, a eu besoin de recourir aux tiennes pour briser ses fers. Devenu libre, il est devenu injuste envers sa compagne. Ô femmes ! femmes, quand cesserez-vous d'être aveugles ? Quels sont les avantages que vous avez recueillis dans la Révolution ? Un mépris plus marqué, un dédain plus signalé. Dans les siècles de corruption vous n'avez régné que sur la faiblesse des hommes. Votre empire est détruit ; que vous reste-t-il donc ? la conviction des injustices de l'homme. La réclamation de votre patrimoine, fondée sur les sages décrets de la nature ; qu'auriez-vous à redouter pour une si belle entreprise ? le bon mot du législateur des noces de Cana ? Craignez-vous que nos législateurs français, correcteurs de cette morale, longtemps accrochée aux branches de la politique, mais qui n'est plus de saison, ne vous répètent : femmes, qu'y a-t-il de commun entre vous et nous ? Tout, auriez-vous à répondre. S'ils s'obstinaient, dans leur faiblesse, à mettre cette inconséquence en contradiction avec leurs principes ; opposez courageusement la force de la raison aux vaines prétentions de supériorité ; réunissez-vous sous les étendards de la philosophie ; déployez toute l'énergie de votre caractère, et vous verrez bientôt ces orgueilleux, nos serviles adorateurs rampants à vos pieds, mais fiers de partager avec vous les trésors de l'Être suprême. Quelles que soient les barrières que l'on vous oppose, il est en votre pouvoir de les affranchir ; vous n'avez qu'à le vouloir. Passons maintenant à l'effroyable tableau de ce que vous avez été dans la société ; et puisqu'il est question, en ce moment, d'une éducation nationale, voyons si nos sages législateurs penseront sainement sur l'éducation des femmes.

Les femmes ont fait plus de mal que de bien. La contrainte et la dissimulation ont été leur partage. Ce que la force leur avait ravi, la ruse leur a rendu ; elles ont eu recours à toutes les ressources de leurs charmes, et le plus irréprochable ne leur résistait pas. Le poison, le fer, tous leur était soumis : elles commandaient au crime comme à la vertu. Le gouvernement français, surtout, a dépendu, pendant des siècles, de l'administration nocturne des femmes ; le cabinet n'avait point de secret pour leur indiscrétion ; ambassade, commandement, ministère, présidence, pontificat [1], cardinalat : enfin tout ce qui caractérise la sottise des hommes, profane et sacré,

---

1. M. de Bernis, de la façon de Mme de Pompadour. (N.d.A.)

tout a été soumis à la cupidité et à l'ambition de ce sexe autrefois méprisable et respecté, et depuis la Révolution, respectable et méprisé.

Dans cette sorte d'antithèse, que de remarques n'ai-je point à offrir, je n'ai qu'un moment pour les faire, mais ce moment fixera l'attention de la postérité la plus reculée. Sous l'Ancien Régime, tout était vicieux, tout était coupable ; mais ne pourrait-on pas apercevoir l'amélioration des choses dans la substance même des vices ? Une femme n'avait besoin que d'être belle ou aimable ; quand elle possédait ces deux avantages, elle voyait cent fortunes à ses pieds. Si elle n'en profitait pas, elle avait un caractère bizarre, ou une philosophie peu commune, qui la portait aux mépris des richesses ; alors elle n'était plus considérée que comme une mauvaise tête ; la plus indécente se faisait respecter avec de l'or ; le commerce des femmes était une espèce d'industrie reçue dans la première classe, qui, désormais, n'aura plus de crédit. S'il en avait encore, la Révolution serait perdue, et sous de nouveaux rapports nous serions toujours corrompus ; cependant la raison peut-elle se dissimuler que tout autre chemin à la fortune est fermé à la femme que l'homme achète, comme l'esclave sur les côtes d'Afrique. La différence est grande ; on le sait. L'esclave commande au maître ; mais si le maître lui donne la liberté sans récompense, et à un âge où l'esclave a perdu tous ses charmes, que devient cette infortunée ? Le jouet du mépris; les portes même de la bienfaisance lui sont fermées; elle est pauvre et vieille, dit-on; pourquoi n'a-t-elle pas su faire fortune? D'autres exemples encore plus touchants s'offrent à la raison. Une jeune personne sans expérience, séduite par un homme qu'elle aime, abandonnera ses parents pour le suivre; l'ingrat la laissera après quelques années, et plus elle aura vieilli avec lui, plus son inconstance sera inhumaine; si elle a des enfants, il l'abandonnera de même. S'il est riche, il se croira dispensé de partager sa fortune avec ses nobles victimes. Si quelque engagement le lie à ses devoirs, il en violera la puissance en espérant tout des lois. S'il est marié, tout autre engagement perd ses droits. Quelles lois reste-t-il donc à faire pour extirper le vice jusque dans la racine? Celle du partage des fortunes entre les hommes et les femmes, et de l'administration publique. On conçoit aisément que celle qui est née d'une famille riche, gagne beaucoup avec l'égalité des partages. Mais celle qui est née d'une famille pauvre, avec du mérite et des vertus; quel est son lot? La pauvreté et l'opprobre. Si elle n'excelle pas précisément en musique ou en peinture, elle ne peut être admise à aucune fonction publique, quand elle en aurait toute la capacité. Je ne veux donner qu'un aperçu des choses, je les approfondirai dans la nouvelle édition de tous mes ouvrages politiques que je me propose de donner au public dans quelques jours, avec des notes.

Je reprends mon texte quant aux mœurs. Le mariage est le tombeau de la confiance et de l'amour. La femme mariée peut impunément donner des bâtards à son mari, et la fortune qui ne leur appartient pas. Celle qui ne l'est pas, n'a qu'un faible droit : les lois anciennes et inhumaines lui refusaient ce droit sur le nom et sur le bien de leur père, pour ses enfants, et l'on n'a pas fait de nouvelles lois sur cette matière. Si tenter de donner à mon sexe une consistance honorable et juste, est considéré dans ce moment comme un paradoxe de ma part, et comme tenter l'impossible, je laisse aux hommes à venir la gloire de traiter cette matière ; mais, en attendant, on peut la préparer par l'éducation nationale, par la restauration des mœurs et par les conventions conjugales.

Forme du Contrat social
de l'homme et de la femme

Nous N. et N., mus par notre propre volonté, nous unissons pour le terme de notre vie, et pour la durée de nos penchants mutuels, aux conditions suivantes : nous entendons et voulons mettre nos fortunes en communauté en nous réservant cependant le droit de les séparer en faveur de nos enfants, et de ceux que nous pourrions avoir d'une inclination particulière, reconnaissant mutuellement que notre bien appartient directement à nos enfants, de quelque lit qu'ils sortent, et que tous indistinctement ont le droit de porter le nom des pères et mères qui les ont avoués, et nous imposons de souscrire à la loi qui punit l'abnégation de son propre sang. Nous nous obligeons également, en cas de séparation, de faire le partage de notre fortune, et de prélever la portion de nos enfants indiquée par la loi ; et, au cas d'union parfaite, celui qui viendrait à mourir, se désisterait de la moitié de ses propriétés en faveur de ses enfants ; et si l'un mourait sans enfants, le survivant hériterait de droit, à moins que le mourant n'ait disposé de la moitié du bien commun en faveur de qui il jugerait à propos.

Voilà à peu près la formule de l'acte conjugal dont je propose l'exécution. À la lecture de ce bizarre écrit, je vois s'élever contre moi les tartufes, les bégueules, le clergé et toute la séquelle infernale. Mais combien il offrira aux sages de moyens moraux pour arriver à la perfectibilité d'un gouvernement heureux ! J'en vais donner en peu de mots la preuve physique. Le riche épicurien sans enfants, trouve fort bon d'aller chez son voisin pauvre augmenter sa famille. Lorsqu'il y aura une loi qui autorisera la femme du pauvre à faire adopter au riche ses enfants, les liens de la société seront plus resserrés, et les mœurs plus épurées. Cette loi conservera peut-être le bien de la communauté, et retiendra le désordre qui conduit tant de victimes dans les hospices de l'opprobre, de la bassesse et de la dégénération des principes humains, où, depuis longtemps, gémit la nature. Que les détracteurs de la saine philosophie cessent donc de se récrier contre les mœurs primitives, ou qu'ils aillent se perdre dans la source de leurs citations.

Je voudrais encore une loi qui avantageât les veuves et les demoiselles trompées par les fausses promesses d'un homme à qui elles se seraient attachées ; je voudrais, dis-je, que cette loi forçât un inconstant à tenir ses engagements, ou à une indemnité proportionnée à sa fortune. Je voudrais encore que cette loi fût rigoureuse contre les femmes, du moins pour celles qui auraient le front de recourir à une loi qu'elles auraient elles-mêmes enfreinte par leur inconduite, si la preuve en était faite. Je voudrais, en même temps, comme je l'ai exposé dans *Le Bonheur primitif de l'Homme,* en 1788, que les filles publiques fussent placées dans des quartiers désignés. Ce ne sont pas les femmes publiques qui contribuent le plus à la dépravation des mœurs, ce sont les femmes de la société. En restaurant les dernières, on modifie les premières. Cette chaîne d'union fraternelle offrira d'abord le désordre, mais par les suites, elle produira à la fin un ensemble parfait.

J'offre un moyen invincible pour élever l'âme des femmes ; c'est de les joindre à tous les exercices de l'homme : si l'homme s'obstine à trouver ce moyen impraticable, qu'il partage sa fortune avec la femme, non à son caprice, mais par la sagesse des lois. Le préjugé tombe, les mœurs s'épurent, et la nature reprend tous ses droits. Ajoutez-y le mariage des prêtres ; le roi, raffermi sur son trône, et le gouvernement français ne saurait plus périr.

Il était bien nécessaire que je dise quelques mots sur les troubles que cause, dit-on, le décret en faveur des hommes de couleur, dans nos îles. C'est là où la nature frémit d'horreur ; c'est là où la raison et l'humanité, n'ont pas encore touché les âmes endurcies ; c'est là surtout où la division et la discorde agitent leurs habitants. Il n'est pas difficile de deviner les instigateurs de ces fermentations incendiaires : il y en a dans le sein même de l'Assemblée nationale : ils allument en Europe le feu qui doit embraser l'Amérique. Les colons prétendent régner en despotes sur des hommes dont ils sont les pères et les frères ; et méconnaissant les droits de la nature, ils en poursuivent la source jusque dans la plus petite teinte de leur sang. Ces colons inhumains disent : notre sang circule dans leurs veines, mais nous le répandrons tout, s'il le faut, pour assouvir notre cupidité, ou notre aveugle ambition. C'est dans ces lieux les plus près de la nature, que le père méconnaît le fils ; sourd aux cris du sang, il en étouffe tous les charmes ; que peut-on espérer de la résistance qu'on lui oppose ? La contraindre avec violence, c'est la rendre terrible, la laisser encore dans les fers, c'est acheminer toutes les calamités vers l'Amérique. Une main divine semble répandre partout l'apanage de l'homme, *la liberté*; la loi seule a le droit de réprimer cette liberté, si elle dégénère en licence ; mais elle doit être égale pour tous, c'est elle surtout qui doit renfermer l'Assemblée nationale dans son décret, dicté par la prudence et par la justice. Puisse-t-elle agir de même pour l'État de la France, et se rendre aussi attentive sur les nouveaux abus, comme elle l'a été sur les anciens qui deviennent chaque jour plus effroyables ! Mon opinion serait encore de raccommoder le pouvoir exécutif avec le pouvoir législatif, car il me semble que l'un est tout, et que l'autre n'est rien ; d'où naîtra, malheureusement peut-être, la perte de l'Empire français. Je considère ces deux pouvoirs, comme l'homme et la femme qui doivent être unis, mais égaux en force et en vertu, pour faire un bon ménage.

Il est donc vrai que nul individu ne peut échapper à son sort ; j'en fais l'expérience aujourd'hui. J'avais résolu et décidé de ne pas me permettre le plus petit mot pour rire dans cette production, mais le sort en a décidé autrement ; voici le fait :

L'économie n'est point défendue, surtout dans ce temps de misère. J'habite la campagne. Ce matin à huit heures, je suis partie d'Auteuil, et me suis acheminée vers la route qui conduit de Paris à Versailles, où l'on trouve souvent ces fameuses guinguettes qui ramassent les passants à peu de frais. Sans doute une mauvaise étoile me poursuivait dès le matin. J'arrive à la barrière où je ne trouve pas même le triste sapin aristocrate. Je me repose sur les marches de cet édifice insolent qui recelait des commis. Neuf heures sonnent, et je continue mon chemin : une voiture s'offre à mes regards, j'y prends place, et j'arrive à neuf heures un quart, à deux montres différentes, au Pont-Royal. J'y prends le sapin, et je vole chez mon imprimeur, rue Christine, car je ne peux aller que là si matin : en corrigeant mes épreuves, il me reste toujours quelque chose à faire, si les pages ne sont pas bien serrées et remplies. Je reste à peu près vingt minutes ; et fatiguée de marche, de composition et d'impression, je me propose d'aller prendre un bain dans le quartier du Temple, où j'allais dîner. J'arrive à onze heures moins un quart à la pendule du bain ; je devais donc au cocher une heure et demie ; mais, pour ne pas avoir de dispute avec lui, je lui offre 48 sols : il exige plus, comme d'ordinaire, il fait du bruit. Je m'obstine à ne vouloir plus lui donner que son dû, car l'être équitable aime mieux être généreux que dupe. Je le menace de la loi, il me dit qu'il s'en moque, et que je lui payerai deux heures. Nous arrivons chez un commissaire de paix, que j'ai la générosité de ne pas nommer, quoique l'acte d'autorité qu'il s'est permis envers moi mérite une dénonciation formelle. Il ignorait sans doute que la femme qui réclamait sa justice était la femme auteur de tant de bienfaisance et d'équité. Sans avoir égard à mes raisons, il me condamne impitoyablement à payer au cocher ce qu'il demandait. Connaissant mieux la loi que lui, je lui dis : *Monsieur, je m'y refuse, et je vous prie de faire attention que vous n'êtes pas dans le principe de votre charge.* Alors cet homme, ou, pour mieux dire, ce forcené s'emporte, me menace de la force si je ne paye à l'instant, ou de rester toute la journée dans son bureau. Je lui demande de me faire conduire au tribunal de département ou à la mairie, ayant à me plaindre de son coup d'autorité. Le grave magistrat, en redingote poudreuse et dégoûtante comme sa conversation, m'a dit plaisamment : *cette affaire ira sans* doute à l'*Assemblée nationale* ? *Cela se pourrait bien,* lui dis-je ; et je m'en fus moitié furieuse et moitié riant du jugement de ce moderne Bride-Oison, en disant : *c'est donc là l'espèce d'homme qui doit juger un peuple éclairé !* On ne voit que cela. Semblables aventures arrivent indistinctement aux bons patriotes, comme aux mauvais. Il n'y a qu'un cri sur les désordres des sections et des tribunaux. La justice ne se rend pas ; la loi est méconnue, et la police se fait, Dieu sait comment. On ne peut plus retrouver les cochers à qui l'on confie des effets ; ils changent les numéros à leur fantaisie et plusieurs personnes, ainsi que moi, ont fait des pertes considérables dans les voitures. Sous l'Ancien Régime, quel que fût son brigandage, on trouvait la trace de ses pertes, en faisant un appel nominal des cochers, et par l'inspection exacte des numéros ; enfin on était en sûreté. Que font ces juges de paix ? que font ces commissaires, ces inspecteurs du nouveau régime ? Rien que des sottises et des monopoles. L'Assemblée nationale doit fixer toute son attention sur cette partie qui embrasse l'ordre social.

P.S. Cet ouvrage était composé depuis quelques jours ; il a été retardé encore à l'impression ; et au moment que M. Talleyrand, dont le nom sera toujours cher à la postérité, venant de donner son ouvrage sur les principes de l'éducation nationale, cette production était déjà sous la presse. Heureuse si je me suis rencontrée avec les vues de cet orateur !

Cependant je ne puis m'empêcher d'arrêter la presse, et de faire éclater la pure joie, que mon cœur a ressentie à la nouvelle que le roi venait d'accepter la Constitution, et que l'Assemblée nationale – que j'adore actuellement, sans excepter l'abbé Maury et La Fayette est un dieu – avait proclamé d'une voix unanime une amnistie générale. Providence divine, fais que cette joie publique ne soit pas une fausse illusion ! Renvoie-nous, en corps, tous nos fugitifs, et que je puisse avec un peuple aimant, voler sur leur passage ; et dans ce jour solennel, nous rendrons tous hommage à ta puissance.

14 septembre 1791

PRÉFACE POUR LES DAMES
Ou le portrait des femmes

Mes très chères sœurs,

C'est à vous à qui je recommande tous les défauts qui fourmillent dans mes productions.

Puis-je me flatter que vous voudrez bien avoir la générosité ou la prudence de les justifier ; ou n'aurais-je point à craindre de votre part plus de rigueur, plus de vérité que la critique la plus austère de nos savants, qui veulent tout envahir, et ne nous accordent que le droit de plaire. Les hommes soutiennent que nous ne sommes propres exactement qu'à conduire un ménage ; et que les femmes qui tendent à l'esprit, et se livrent avec prétention à la littérature, sont des êtres insupportables à la société ; n'y remplissant pas les utilités elles en deviennent l'ennui.

Je trouve qu'il y a quelque fondement dans ces différents systèmes, mais mon sentiment est que les femmes peuvent réunir les avantages de l'esprit avec les soins du ménage, même avec les vertus de l'âme, et les qualités du cœur ; y joindre la beauté, la douceur du caractère, serait un modèle rare, j'en conviens : mais qui peut prétendre à la perfection ?

Nous n'avons point de Pygmalion comme les Grecs, par conséquent point de Galatée. Il faudrait donc, mes très chères sœurs, être plus indulgentes entre nous pour nos défauts, nous les cacher mutuellement, et tâcher de devenir plus conséquentes en faveur de notre sexe. Est-il étonnant que les hommes l'oppriment, et n'est-ce pas notre faute? Peu de femmes sont hommes par la façon de penser, mais il y en a quelques-unes, et malheureusement le plus grand nombre se joint impitoyablement au parti le plus fort, sans prévoir qu'il détruit lui-même les charmes de son empire.

Combien ne devons-nous pas regretter cette antique chevalerie, que nos hommes superficiels regardent comme fabuleuse ; elle qui rendait les femmes si respectables et si intéressantes à la fois ! Avec quel plaisir les femmes délicates ne doivent-elles pas croire à l'existence de cette noble chevalerie, lorsqu'elles sont forcées de rougir aujourd'hui d'être nées dans un siècle où les hommes semblent se plaire à afficher, auprès des femmes l'opposé de ces sentiments si épurés, si respectueux, qui faisaient les beaux jours de ces heureux temps. Hélas! qui doit-on en accuser, et n'est-ce pas toujours nos imprudences et nos indiscrétions, mes très chères sœurs?

Si je vous imite dans cette circonstance, en dévoilant nos défauts, c'est pour essayer de les corriger. Chacune avons les nôtres, nos travers, et nos qualités. Les hommes sont bien organisés à peu près de même, mais ils sont plus conséquents : ils n'ont pas cette rivalité de

figure, d'esprit, de caractère, de maintien, de costume,
qui nous divise, et qui fait leur amusement, leur instruc-
tion sur notre propre compte.

Les femmes en général ont trop de prétentions à la
fois, celles qui réunissent le plus d'avantages, sont
ordinairement les plus insatiables. Si l'on vante un seul
talent, une seule qualité dans une autre ; aussitôt leur
ridicule ambition leur fait trouver, dans celle dont il est
question, cent défauts, et même des vices, s'ils ne sont
pas assez puissants pour détruire l'éloge qu'on en faisait.
Ah ! mes sœurs, mes très chères sœurs, est-ce là ce que
nous nous devons mutuellement ? Les hommes se noir-
cissent bien un peu, mais non pas autant que nous, et
voilà ce qui établit leur supériorité, et qui entretient tous
nos ridicules. Ne pouvons-nous pas plaire sans médire
de nos égales ?

Car, je ne fais pas de différence entre la femme de
l'artisan qui sait se faire respecter, et la femme de qualité
qui s'oublie, et qui ne ménage pas plus sa réputation
que celle d'autrui.

Dans quelque cercle de femmes qu'on se rencontre, je demande si les travers d'esprit ne sont pas
partout les mêmes ? Les femmes de la cour sont les
originaux de toutes les copies des classes inférieures :
ce sont elles qui donnent le ton des airs, de la tour-
nure, et des modes ; il n'y a pas jusqu'à la femme de
procureur, qui ne veuille imiter ces mêmes airs ; ajoutez-y l'épigramme et la satire entre elles, sans doute
avec moins de naturel et de politique que les femmes

de la cour, mais toujours ne se faisant pas grâce dans l'une et l'autre classe du plus petit défaut.

Pour les femmes de spectacle, ah! je n'ose continuer, c'est ici où je balance; j'aurais trop de détails à développer, si j'entrais en matière. Elles sont universellement inexorables envers leur sexe, c'est-à-dire en général, puisqu'il n'y a pas de règle sans exception; mais celles qui abusent de la fortune et de la réputation; et qui sont loin de prévoir souvent des revers affreux, sont intraitables, sous quelque point de vue qu'on les prenne; aveuglées sur leur triomphe, elles s'érigent en souveraines, et s'imaginent que le reste des femmes n'est fait que pour être leur esclave, et ramper à leurs pieds.

Pour les dévotes, ô grand Dieu! je tremble de m'expliquer; je sens mes cheveux se dresser sur ma tête; à chaque instant du jour, elles profanent, par leurs excès, nos saints préceptes, qui ne respirent que la douceur, la bonté et la démence. Le fanatisme [...[1]]

Ô femmes, femmes de quelque espèce, de quelque état, de quelque rang que vous soyez, devenez plus simples, plus modestes, et plus généreuses les unes envers les autres. Il me semble déjà vous voir toutes réunies autour de moi, comme autant de furies poursuivant ma malheureuse existence, et me faire payer bien cher l'audace de vous donner des avis: mais j'y suis intéressée; et croyez qu'en vous donnant des conseils qui me sont nécessaires, sans doute, j'en prends ma part.

---

1. Les lignes suivantes ont vraisemblablement été censurées à l'époque. (N.d.É.)

Je ne m'étudie pas à exercer mes connaissances sur l'espèce humaine, en m'exceptant seulement : plus imparfaite que personne, je connais mes défauts, je leur fais une guerre ouverte ; et en m'efforçant de les détruire, je les livre à la censure publique. Je n'ai point de vices à cacher, je n'ai que des défauts à montrer. Eh ! quel est celui ou celle qui pourra me refuser l'indulgence que méritent de pareils aveux ?

Tous les hommes ne voient pas de même ; les uns approuvent ce que les autres blâment, mais en général la vérité l'emporte ; et l'homme qui se montre tel qu'il est, quand il n'a rien d'informe ni de vicieux, est toujours vu sous un aspect favorable. Je serai peut-être un jour considérée sans aucune prévention de ma part, avec l'estime que l'on accorde aux ouvrages qui sortent des mains de la nature. Je peux me dire une de ses rares productions ; tout me vient d'elle ; je n'ai eu d'autre précepteur : et toutes mes réflexions philosophiques ne peuvent détruire les imperfections trop enracinées de son éducation. Aussi m'a-t-on fait souvent le reproche de ne savoir pas m'étudier dans la société ; que cet abandon de mon caractère me fait voir défavorablement : que cependant je pouvais être de ces femmes adorables, si je me négligeais moins.

J'ai répondu souvent à ce verbiage, que je ne me néglige pas plus que je ne m'étudie ; que je ne connais qu'un genre de contrainte, les faiblesses de la nature que l'humanité ne peut vaincre qu'à force d'efforts : et celle en qui l'amour-propre dompte les passions, peut se dire, à juste titre, la femme forte.

« Femme, réveille-toi »

> « La femme a le droit de monter sur
> l'échafaud ; elle doit avoir également
> celui de monter à la tribune. »
> Olympe de Gouges

La Déclaration des droits de la femme et de la citoyenne
reste le texte le plus célèbre d'Olympe de Gouges,
parmi toute son œuvre longtemps injustement igno-
rée. Il faudra attendre 1981 pour qu'un historien,
Olivier Blanc, établisse une biographie de ce person-
nage unique de la Révolution[1]. Il dévoile une femme
hors du commun qui, en 1789, dans son *Discours de
l'aveugle aux Français,* se définissait ainsi : « La nature a
mis dans mon organisation la fierté et le courage d'un
brave homme. » Du courage, il lui en fallut pour
réclamer l'égalité des sexes alors que les hommes
débattaient sur la nature et le rôle des femmes dans
la société. Reconnues par rapport à leur statut dans la
sphère familiale (fille, mère, épouse…), elles ne
l'étaient pas en tant que femmes.

Née le 7 mai 1748 dans une famille bourgeoise de la ville de Montauban, rien ne prédisposait la petite Marie Gouze à devenir la future Olympe de Gouges. Sans réelle éducation comme toutes les femmes de son époque et de sa condition, elle suit le chemin qui lui est tracé. Elle est donc mariée contre son inclination à l'officier de bouche Louis-Yves Aubry et donne naissance un an plus tard à un fils, Pierre. Mais la mort prématurée de son mari la même année va bouleverser son destin. Le mariage devenu pour elle « le tombeau de la confiance et de l'amour », elle se refuse à épouser un autre homme pour élever son fils, comme le voulait l'usage, et décide de vivre par elle-même. C'est à ce moment qu'elle construit son identité en commençant par abandonner le nom de son défunt mari pour choisir celui d'Olympe de Gouges, formé du prénom de sa mère et d'un dérivé de son patronyme.

Le fait qu'elle était persuadée (apparemment à juste titre) que son père n'était pas Pierre Gouze mais le marquis Jean-Jacques Le Franc de Pompignan, écrivain de renom que Voltaire détestait, n'est certainement pas étranger à son caractère et à cette décision. En effet, descendante d'un écrivain célèbre, Olympe de Gouges pense avoir hérité d'un don naturel, celui de l'écriture. Elle compte bien le développer et réparer l'injustice d'avoir été privée de ce père, qui ne l'a jamais reconnue publiquement, et par conséquent d'une condition sociale plus avantageuse et d'une éducation un peu moins rudimentaire.

Elle fait une rencontre opportune en la personne de Jacques Biétrix de Rozières, un riche entrepreneur de transport militaire, avec qui elle part à Paris où vit déjà une de ses sœurs. Grâce au soutien financier de cet amant, et de quelques autres, Olympe de Gouges va alors plonger dans les délices de la vie parisienne, découvrir l'agitation des rues, l'opéra, le théâtre et fréquenter les grands noms de l'époque prérévolutionnaire. Elle profite des avantages de la galanterie, plutôt que de ceux des Ordres, pour accéder enfin à l'argent et surtout à la culture. Surmontant le handicap de sa langue maternelle, l'occitan, la jeune Olympe de Gouges fréquente les salons, discute des sujets à la mode ou des pièces qu'elle vient de voir avec entre autres Louis-Sébastien Mercier, qui restera son plus fidèle ami, Marmontel, le chevalier de Cubières, Cavailhac… Son désir d'écriture n'en est que plus ardent et en 1784, année de la mort de Le Franc de Pompignan, elle a déjà écrit plusieurs pièces de théâtre. La très renommée Comédie-Française avait à l'époque le monopole du répertoire classique et se partageait l'exclusivité des pièces nouvelles avec la Comédie-Italienne. Les comédiens du Français, dépendants du roi par un système de pensions, jouissaient d'une totale liberté pour choisir les pièces qu'ils désiraient jouer. Quant aux auteurs, ils n'avaient aucun droit et pour avoir une chance d'être joué, mieux valait être déjà connu et recommandé par un grand nom. Les places étaient donc rares et celles accordées aux femmes pratiquement inexistantes car, comme l'explique Louis-Sébastien Mercier dans ses *Tableaux de Paris* parus entre 1781 et 1788, « un triomphe éclatant serait fort alarmant pour l'orgueil et pour la liberté des hommes ». La tâche s'annonçait donc difficile pour Olympe de Gouges, mais non impossible. De 1784 à 1789, toute sa vie sera consacrée au théâtre qui devient pour elle un lieu politique où exposer ses idées pour instruire le peuple. Dès ses premières pièces apparaît sa principale préoccupation qui aboutira à la *Déclaration des droits de la femme et de la citoyenne* : la condition féminine. En 1786, dans la préface de sa pièce *L'Homme généreux*, elle écrivait : « Voilà comme notre sexe est exposé. Les hommes ont tous les avantages... On nous a exclues de tout pouvoir, de tout savoir. »

En cette année 1784, Olympe de Gouges est touchée par la pièce très contestée de Beaumarchais enfin représentée, *Le Mariage de Figaro*. Elle en retient surtout la place primordiale donnée aux femmes montrées comme des êtres responsables et réfléchis, victimes de l'irresponsabilité des hommes « traitées en mineures pour nos biens, punies en majeures pour nos fautes ! Ah, sous tous les aspects, votre conduite avec nous fait horreur ou pitié ». Elle décide d'en faire une suite *Le Mariage inattendu de Chérubin,* en 1786, en mettant la condition féminine au centre de son intrigue dénonçant le mariage forcé

(Jean-Jacques Rousseau avait déjà mit au goût du jour le mariage d'amour dans *La Nouvelle Héloïse*), le joug paternel et marital. Elle prône déjà la solidarité féminine. Dans une autre pièce datant de 1788, *Molière chez Ninon, ou le siècle des grands hommes*, elle montre que le dialogue est possible entre les hommes et les femmes à partir du moment où chacun considère l'autre comme son égal. L'idée d'une égalité naturelle entre les deux sexes était aussi défendue, entre autres, par Diderot, Condorcet, Helvetius ou d'Alembert dans son essai, *Des femmes,* de 1774 : « À l'égard des ouvrages de génie et de sagacité, mille exemples nous prouvent que la faiblesse du corps n'y est pas un obstacle dans les hommes. Pourquoi donc une éducation plus solide et plus mâle ne mettrait-elle pas les femmes à portée d'y réussir.[2] »

Inquiète face à l'agitation politique se faisant de plus en plus forte et sensible au sort du peuple souffrant de la grave crise que traverse le pays, Olympe de Gouges délaisse quelque peu sa carrière d'auteur dramatique et ses contentieux avec les comédiens pour se consacrer entièrement au « bonheur public ». Il ne va plus s'agir pour elle d'instruire le peuple au moyen du théâtre mais de l'inciter à agir en s'adressant directement à lui et en premier lieu aux femmes. Forte de la conscience politique qu'elle s'est forgée et poussée par un véritable élan patriotique, elle écrit le 6 novembre 1788 sa *Lettre au peuple, ou projet d'une caisse patriotique, par une citoyenne* que le *Journal général de France* publie sur une pleine page. Elle propose l'idée d'un « impôt volontaire » pour aider à réduire le déficit du pays[3], impliquant les femmes dans l'effort national : « L'excès de luxe que mon sexe porte aujourd'hui jusqu'à la frénésie, cessera à l'ouverture de la Caisse patriotique : au lieu d'acheter dix chapeaux de différentes tournures, les femmes essentielles, quoique jolies femmes, car la beauté n'exclut pas la raison et l'amour de son pays : ces femmes, dis-je, se contenteront d'un ou deux chapeaux de bon goût, et l'excédent sera envoyé à cette caisse. » Dans son élan, elle livre dans ce même journal, le 15 décembre de la même année, ses *Remarques patriotiques* suggérant des réformes, comme une assistance sociale pour les plus démunis, la création de maternités et met l'accent sur l'importance de l'hygiène peu répandue à l'époque. Elle demande également « que le gouvernement donne toutes les terres en friche du Royaume à des sociétés ou à chaque particulier la portion qu'il pourra cultiver » et parle d'un impôt sur la fortune…

Le 1er mai 1789, Louis XVI consent à la réunion des États Généraux, immense consultation des Français qui voit affluer plus de soixante mille cahiers de doléances. Même si les femmes ne peuvent faire partie du corps électoral, sauf les femmes propriétaires et les religieuses représentées par un curé ou un procureur, il n'en reste pas moins qu'elles peuvent s'exprimer. La Révolution est en marche. Elle entraîne avec elle la liberté de parole qui devient un nouveau pouvoir en influant sur l'opinion publique. Olympe de Gouges s'engouffre elle aussi dans la brèche ouverte et suit avec acharnement tous les événements. Elle va jusqu'à déménager à Versailles pour être au plus près de l'actualité (elle le fera à de nombreuses reprises) et assister à toutes les réunions pour réagir ensuite dans ses écrits qu'elle placarde sur les murs de Versailles et de Paris, et proposer ses idées comme celle de régler la question du vote par tête ou par ordre par un tirage au sort. Elle fait alors de l'écriture un véritable acte politique afin de prouver que les femmes peuvent être utiles hors de la sphère domestique, contrairement à la pensée du « fonctionnalisme sexuel » qui ne définissait la femme que par sa fonction biologique et lui refusait une raison abstraite indispensable aux activités de l'esprit, la bornant ainsi à un exercice limité de sa citoyenneté. Depuis longtemps Olympe de Gouges dénonce la méfiance des hommes envers les femmes dont elle fait partie, comme dans *Séance royale, Motion par Mgr le duc d'Orléans, ou les songes patriotiques* du 11 juillet 1789 : « En ce moment on dédaigne les projets d'une femme ; cependant j'éprouve la satisfaction que l'on en adopte quelques-uns ; mais j'ai la douleur, en même temps, de reconnaître que ce sont ceux où je ne me suis point nommée, tant la prévention contre mon sexe influe sur le jugement des hommes. »

Tant qu'elle se limita à formuler des idées pour le rétablissement du pays, la critique fut plutôt bonne et elle fut encouragée par Mirabeau qui dans une lettre du 12 septembre 1789 écrivit : « … Jusqu'ici j'avais cru que les grâces ne se paraient que des fleurs, mais une conception facile, une tête forte ont élevé vos idées, et votre marche aussi rapide que la Révolution, est aussi marquée par des succès… ». Mais Olympe de Gouges ne s'arrêta pas en si bon chemin et critiqua les dérives révolutionnaires. Ses idées politiques étaient plutôt modérées et elle restait attachée à la monarchie, tenant le roi pour le « père de la Nation ». Même après l'immense déception de la fuite du roi le 21 juin 1791 à Varennes, elle se proposa dans sa brochure *Olympe de Gouges Défenseur officieux de Louis Capet* de le défendre lors de son procès et se prononça ouvertement contre sa condamnation : « Je suis Louis fautif comme roi ; mais dépouillé de ce titre proscrit, il cesse d'être coupable aux yeux de la république. », dissociant ainsi l'homme de sa fonction. Mais elle appelait de ses vœux une réforme des institutions et soutenait de toutes ses forces la Constitution. En cela et sans s'afficher ouvertement pour un parti, elle se montrait proche des Girondins.

Comme les Tricoteuses, Olympe de Gouges va ensuite assister aux séances de l'Assemblée et entrer dans tous les lieux autorisés aux femmes, dans les sociétés, les cafés comme le Procope, pour défendre ses idées et « rivaliser avec les plus célèbres orateurs de l'Assemblée constituante »[4] et fréquente les salons (dont, certainement, celui de Sophie de Condorcet).

Le 26 août 1789, la *Déclaration universelle des Droits de l'Homme et du Citoyen* apporte avec elle l'espoir d'une société plus juste fondée sur l'égalité de tous les citoyens et non plus sur la soumission d'une partie du peuple à l'autre. Elle conforte alors chez Olympe de Gouges l'esprit revendicatif exprimé déjà en mai 1789 dans son *Avis pressant à mes calomniateurs* : « La femme prétend jouir de la Révolution et réclamer ses droits à l'égalité », persuadée que les femmes vont alors être intégrées sans aucune restriction à cette société pour laquelle elles se sont battues aux côtés des hommes. D'ailleurs, dès les premiers jours de la Révolution, la question de la condition des femmes est soulevée, poussée notamment par des hommes comme Condorcet dans son *Essai sur l'admission des femmes au droit de cité* en 1790 : « Tous n'ont-ils pas violé le principe de l'égalité des droits, en privant tranquillement la moitié du genre humain de celui de concourir à la formation des lois, en excluant les femmes du droit de cité ? ». Il n'est pas écouté et le droit de vote des femmes n'est pas d'actualité. Très vite, Olympe de Gouges comprend que la mise en pratique de la Déclaration est loin d'être acquise et s'inquiète de voir que la contre-révolution, menée également par des femmes, gagne du terrain. Observant la situation se dégrader (Théroigne de Méricourt, qui avait fondé en 1790 le club des « Amis de la loi », est en prison en Autriche et Etta Palms d'Aelders, fondatrice en 1791 de la « Société patriotique et de bienfaisance des amis de la Vérité », a préféré s'éloigner), la répression se durcir avec la loi martiale et le tragique 17 juillet, Olympe de Gouges décide de prendre aux mots la Déclaration de l'Assemblée et de pousser la Constituante à prendre des mesures avec sa *Déclaration des droits de la femme et de la citoyenne*, le 14 septembre 1791, car pour elle « cette Révolution ne s'opérera que lorsque toutes les femmes seront pénétrées de leur déplorable sort, et des droits qu'elles ont perdu dans la société ». Elle pose ainsi l'inégalité des sexes comme cause « des malheurs publics et de la corruption des gouvernements ».

Pour cela, elle s'adresse à la reine en lui rappelant sa position très délicate, déjà dénoncée dans son *Adresse à la reine* au mois de mai, puisqu'elle est soupçonnée de comploter avec son frère l'empereur d'Autriche, aux portes du pays. Elle lui propose donc de s'occuper de la cause de son sexe : « On ne vous fera jamais un crime de travailler à la restauration des mœurs, à donner à votre sexe toute la consistance dont il est susceptible. »

Elle reprend tous les articles de la Déclaration de 1789 en les « féminisant », afin de montrer que la nation est effectivement bisexuée mais que la différence sexuelle ne peut être un postulat en politique ni dans l'exercice de la citoyenneté. Elle met alors la Révolution face à ses insuffisances puisqu'elle n'aboutit pas à ce qu'elle a promulgué. Par conséquent, elle demande le droit de vote et d'éligibilité pour tous dans son article premier, revendiquant ainsi pour les femmes un véritable statut de citoyenne active et l'égalité de droits pour l'accession à tout emploi et à toute dignité. Olympe de Gouges revendique également la liberté de parole, notamment par rapport à la reconnaissance parentale qui responsabilise l'homme face à sa sexualité et donne des droits aux enfants illégitimes (ce qui sera fait en 1793 car l'état-civil légalisera leur existence et ils seront compris dans le partage des biens) tout en dénonçant le pouvoir des pères sur leur fille puis celui du mari sur son épouse : « Nul ne peut être contraint à faire ce qu'elles (les lois de la nature et de la raison) n'ordonnent pas. » Elle répond aux thèmes souvent inspirés de sa propre expérience, qu'elle dénonçait dans ses pièces de théâtre. Cette liberté d'expression est également à l'origine de sa formule restée la plus célèbre : « La femme a le droit de monter sur l'échafaud ; elle doit avoir le droit de monter à la tribune. » Les femmes n'étant pas considérées comme des sujets juridiques, elles sont alors sanctionnées par des lois sur lesquelles elles ne peuvent s'exprimer et qu'elles doivent pourtant subir. Ces lois sont faites uniquement par des hommes et ne prennent pas en compte les besoins, les désirs et les opinions des femmes, ce qu'Olympe de Gouges considère comme la plus grande injustice.

Les inégalités persistent donc dans la pratique, mais ce n'est plus dans « l'ordre naturel des choses » depuis la Déclaration de 1789. L'émancipation des femmes peut donc commencer et c'est ce que tente de faire comprendre Olympe de Gouges dans son postambule « Femme, réveille-toi; le tocsin de la raison se fait entendre dans tout l'univers; reconnais tes droits ». Le ton est bien différent de celui de sa *Préface pour les dames ou le portrait des femmes* de 1788. Il ne s'agit plus de donner des conseils à ses « très chères sœurs », mais de les pousser à lutter pour changer leur « déplorable » sort. Bien que, pour elle, les femmes soient en partie responsables de leur condition par leur comportement parfois répréhensible et leur manque de combativité, elles n'ont pas eu le choix : « Cependant la raison peut-elle se dissimuler que tout autre chemin à la fortune est fermé à la femme que l'homme achète, comme l'esclave sur les côtes d'Afrique… ». Déplorant l'état de dépendance, d'ignorance et de soumission où sont maintenues les femmes, elle fait le parallèle avec l'esclavage qu'elle dénonçait dès 1784 dans sa pièce *Zamor et Mirza ou l'heureux naufrage,* qui deviendra *L'Esclavage des Noirs.*

Par contre, le 3 septembre 1791, quelques jours avant qu'Olympe de Gouges n'écrive sa *Déclaration,* une avancée considérable voit le jour car « la loi ne considère plus le mariage que comme un contrat civil » et non plus comme un engagement sacré, permettant ainsi de limiter le contrôle de l'Église. Mais il en résulte que l'homme et la femme deviennent égaux dans le mariage, c'est la naissance du « couple » et la femme devient un individu libre de ses choix et de ses sentiments dans ce domaine. Olympe de Gouges reprend cette idée dans son *Contrat social de l'homme et de la femme*. Elle dénie le pouvoir patriarcal en proposant que les enfants puissent porter le nom du père ou de la mère et met en évidence qu'un contrat peut être rompu par une séparation entraînant le partage équitable des biens.

La possibilité du divorce par consentement mutuel sera l'autre grande avancée de la Révolution pour la condition féminine en 1792, mais il sera très vite dénoncé, en 1795, et aboli en 1816. Partiellement restauré en 1884, il ne redeviendra possible qu'en 1975.

Les avancées de la Révolution, qui a célébré la maternité comme un acte patriotique, seront donc de l'ordre du privé, dans la sphère familiale mais pas dans la sphère politique, comme le justifie Talleyrand en 1791 : « Si nous leur reconnaissons les mêmes droits qu'aux hommes, il faut leur donner les mêmes moyens d'en faire usage. Si nous pensons que leur part doit être uniquement le bonheur domestique et les devoirs de la vie intérieure, il faut les former de bonne heure pour remplir cette destination. »

Voulant pourtant œuvrer pour le « bonheur public », Olympe de Gouges ne s'était pas fait que des amis. Bien qu'elle ait toujours agi par patriotisme, on lui reproche certaines de ses idées, celles exprimées comme dans sa brochure du 19 juillet 1793, la dernière, *Les Trois Urnes ou le salut de la patrie, par un voyageur aérien* : elle y demande que chaque département puisse choisir le type de gouvernement qu'il souhaite, afin d'éviter une guerre civile qu'elle redoute. Or, le 29 mars une loi a été votée proclamant la République une et indivisible, et punissant de mort quiconque demanderait le contraire. Dénoncée avant même d'avoir pu placarder sa brochure, Olympe de Gouges est arrêtée le jour même. C'est donc en qualité de femme de lettres qu'elle comparaît devant le tribunal révolutionnaire et en tant qu'auteur de ses écrits qu'elle est condamnée à mort, sans jamais les renier.

Le 3 novembre 1793, alors qu'elle arrive à la Place de la Révolution, elle aurait prononcé ces mots : « Fatal désir de la Renommée, pourquoi ai-je voulu être quelque chose ? » Elle avait voulu être la personnification de cette divinité allégorique, avoir cent yeux, cent oreilles et cent bouches pour tout voir, tout entendre et tout raconter. Mais d'autres pensaient autrement et, juste après sa mort, on pouvait lire dans *La feuille de Salut Public* : « Elle voulut être homme d'État. Il semble que la loi ait puni cette conspiratrice d'avoir oublié les vertus qui conviennent à son sexe. »

Longtemps une réputation de femme « exaltée » la poursuivra. Dans l'ouvrage *Les Femmes célèbres de 1789 à 1795* de Lairthuillier, la « fougueuse » Olympe de Gouges est classée parmi les « furies ». Pour Michelet, elle fut « le martyr, le jouet de sa mobile sensibilité »[5].

Mais sa célèbre formule de l'article X de la *Déclaration des droits de la femme et de la citoyenne* devint la devise du mouvement féministe du XIXe siècle. Dans son *Almanach des femmes* de 1853, Jeanne Deroin, rappelant les événements de 1848, écrivait : « Plusieurs ont dû, à l'exemple d'Olympe de Gouges, payer de leur vie même leur dévouement à la justice et à la vérité. »

Emanuèle GAULIER

Notes

1. Olivier Blanc, *Olympe de Gouges, une femme de libertés,* Syros, 1981.
2. Leopold Lacour avait ébauché une biographie dans *Les Origines du féminisme contemporain. Trois femmes de la Révolution : Olympe de Gouges, Théroigne de Méricourt, Rose Lacombe,* Paris, 1900 (pp. 6-29).
3. Prolongeant ainsi le mouvement égalitaire du XVIIe siècle avec, notamment, Marie de Gournay et son traité *L'Égalité des hommes et des femmes* ou François Poulain de la Barre avec *De l'égalité des sexes* en 1673.
3. Idée qui sera mise en application en 1789 ; elle-même y participe à hauteur de 25 % de ses revenus.
4. Sully Prudhomme, *Biographie des femmes célèbres,* 1830 (p. 475).
5. Dans *Les Femmes et la Révolution, in Œuvres complètes,* vol. 16, Flammarion, 1854 (pp. 400-401).

Vie de Olympe de Gouges

1748. (7 mai) Naissance de Marie Gouze à Montauban, future Olympe de Gouges. Fille légitime de Pierre Gouze, boucher, et de Anne-Olympe Mouisset, appartenant à la bourgeoisie de la ville. La paternité présumée de Lefranc de Pompignan, parrain de sa mère, est de notoriété publique.

1750. (29 août) Mort de son père légitime Pierre Gouze.

1753. (6 février) Second mariage de sa mère, Anne-Olympe, avec un agent de police, Dominique-Raymond Cassaigneau. Marie reçoit une éducation rudimentaire.

1765. (24 octobre) Marie Gouze est mariée à Louis-Yves Aubry, officier de bouche.

1766. Naissance de son fils, Pierre, et décès de son mari. Veuve, Marie Gouze prend quelques mois plus tard le nom d'Olympe de Gouges.

1767. Elle rencontre Jacques Biétrix de Rozières, entrepreneur de transports militaires. Elle le suit à Paris où elle vit maritalement avec lui. Il semble qu'elle ait eu avec lui une fille, morte en bas âge. Elle mène un grand train de vie et dépense beaucoup pour l'éducation de son fils.

1778. Olympe de Gouges figure dans l'almanach des « personnes de condition ». Jacques Biétrix lui assure son soutien financier. Elle a su s'entourer de gens « bien nés, riches et honnêtes », de personnages influents, tel Philippe d'Orléans qui assurera l'avenir de son fils. Elle renonce aux « frivolités » pour l'écriture. Elle déménage rue Poissonnière, alors quartier élégant, et renouvelle du même coup le cercle de ses fréquentations : journalistes, auteurs dramatiques et philosophes. C'est le début d'une amitié qui ne se démentira jamais avec Louis-Sébastien Mercier, futur auteur du célèbre *Tableau de Paris* (publié entre 1781 et 1788).

Elle montre une grande curiosité pour la science, des découvertes les plus sérieuses aux expérimentations les plus extravagantes. Elle fréquente beaucoup le théâtre et l'opéra, prend part à la discussion des nouvelles pièces, défend tel auteur, critique telle comédienne.

1784. Mort du marquis Jean-Jacques Le Franc de Pompignan. Elle achève son *Mémoire de madame de Valmont* (1784) et, dit-elle, une trentaine de pièces de théâtre.

1784-1789. Période de démêlés entre Olympe de Gouges et les comédiens français. Sa pièce *Zamore et Mirza ou l'heureux naufrage* (1788) est reçue à la Comédie-Française ; elle sera jouée en 1789. *L'Amour* *fou* est refusé. Elle affronte ses détracteurs qui prétendent qu'elle n'est pas l'auteur de ses productions littéraires.

1786. Publication du *Mariage inattendu de Chérubin*, dont l'intrigue fait suite au *Mariage de Figaro* de Beaumarchais, avec lequel il s'ensuivra un conflit. Publication de *L'Homme généreux*, pièce ayant pour thème les emprisonnements pour dettes.

1787. Publication de *Réminiscences*, une attaque de Beaumarchais qui fera le tour des salons littéraires. Elle écrit *Molière chez Ninon, ou le siècle des grands hommes*.

1788. Publication de sa première brochure politique : *Lettre au peuple, ou le projet d'une caisse patriotique*. En janvier, publication des deux premiers volumes de ses *Œuvres*, dédiés au duc d'Orléans. En mai, parution du troisième volume, à l'adresse, cette fois, du prince de Condé.

1789. Elle commence à écrire *Le Prince philosophe*, roman de cinq cents pages qui paraîtra en 1792. Publication d'œuvres politiques.

1789-1793. Olympe de Gouges participe à tous les épisodes de la Révolution : elle n'hésite pas à déménager souvent pour être au cœur de l'action. Elle défend ses différentes propositions sociales, morales ou philosophiques. Déçue dans ses convictions de « royaliste constitutionnelle » par la fuite du roi à Varennes, elle se propose néanmoins de le défendre à son procès. Elle ne cesse jamais d'écrire : théâtre, essais philosophiques, textes politiques, pamphlets, projets de lois dont *La Déclaration des droits de la femme et de la citoyenne* en 1791, dédiée à la reine.

1791. Elle s'installe à Auteuil où elle rejoint l'avant-garde intellectuelle de l'époque. Savants et littérateurs de renom contribuaient à la réputation de ce qu'on appelait la « Société d'Auteuil ». C'est là qu'elle a dû rencontrer, chez Helvétius, chez Fanny de Beauharnais ou chez Sophie de Condorcet, tout ce que l'époque comptait de beaux esprits.

Bouleversée par la mort brutale de Mirabeau, le 2 avril, elle compose son oraison funèbre puis, quelques jours plus tard, une pièce à la gloire du tribun : *Mirabeau aux Champs-Élysées*, bien qu'elle ait formulé des soupçons, deux ans plus tôt, sur sa vénalité, dans son *Discours de l'aveugle aux Français.*

1792. Parmi ses textes quasi quotidiens, notons *L'Esprit français,* dédié à Louis XVI, où elle souhaite une révolution sans violence, qui soulève de fortes oppositions. Fin avril, elle attaque les Jacobins. Au mois d'octobre, pendant l'affrontement entre Girondins et Montagnards, elle prend parti pour les Girondins, contre Robespierre.

1793. Le 23 janvier, deux jours après l'exécution du roi, sa pièce *L'Entrée de Dumouriez à Bruxelles* est donnée à la Comédie-Française. Le sujet (la prise de la Belgique par le général révolutionnaire, en 1792), à la gloire de la Révolution, doit faire honneur au patriotisme de son auteur. Mais un mois plus tard, c'est la trahison de Dumouriez, et la pièce fait l'objet d'une cabale.

Le 3 novembre, Olympe de Gouges monte à l'échafaud.

Repères bibliographiques

Œuvres d'Olympe de Gouges

◆ *Écrits politiques I, 1788/1791* et *II, 1792/1793*, préface d'Olivier Blanc, Côté femmes, collection « Des femmes dans l'Histoire », 1993.

◆ *Olympe de Gouges, Théâtre politique*, 2 tomes, Côté femmes, collection « Des femmes dans l'Histoire », 1991 et 1993.

◆ *Théâtre d'Olympe de Gouges*, volume I, éditions Cocagne, 1993.

Études sur Olympe de Gouges

◆ Blanc (Olivier) : *Olympe de Gouges : une femme de libertés*, Syros-Alternatives, 1989.

◆ Groult (Benoîte) : *Œuvres d'Olympe de Gouges*, Mercure de France, collection « Mille et une femmes », 1986.

◆ Mousset (Sophie) *Olympe de Gouges*, Le Félin, 2003.

◆ Noack (Paul) : *Olympe de Gouges, courtisane et militante des droits de la femme 1748-1793*, Éditions de Fallois, 1993.

◆ Thiele-knobloch (Gisela) : « Préface », dans *Olympe de Gouges, Théâtre politique* I et II, Côté femmes, collection « Des femmes dans l'Histoire », 1991 et 1993.

◆ Wallach Scott (Joan) : *La Citoyenne paradoxale. Les féministes françaises et les droits de l'homme*, « À quoi peut servir l'imagination : Olympe de Gouges et la Révolution française », traduit de l'américain par Marie Bourdé et Colette Pratt, Albin Michel, 1998.

◆ *Femmes et pouvoir, réflexions autour d'Olympe de Gouges*, colloque sous la direction de Shanon Hartigan, Réa McKay et Marie-Thérèse Seguin, éditions d'Acadie, 1995.

Mille et une nuits propose des chefs-d'œuvre pour le temps
d'une attente, d'un voyage, d'une insomnie…

Pour chaque titre, le texte intégral, une postface,
la vie de l'auteur et une bibliographie.

49.40.4844.4/17
Achevé d'imprimer en juillet 2017
par La Nouvelle Imprimerie Laballery (Clamecy, France).
N° d'impression : 707215

Fayard s'engage pour
l'environnement en réduisant
l'empreinte carbone de ses livres.
Celle de cet exemplaire est de :
0,150 kg éq. CO$_2$
Rendez-vous sur
www.fayard-durable.fr

PAPIER À BASE DE
FIBRES CERTIFIÉES